LETTRE

A MM. LES AUTEURS

DU JOURNAL DES SAVANS.

Dû 3 Mars 1768.

M ESSIEURS,

L'ACADÉMIE Royale des Sciences & Belles-Lettres de Beziers m'ayant depuis peu nommé à une Place d'Académicien ordinaire, je penſois aux moyens de répondre à l'honneur qu'elle m'a fait, lorſque j'ai appris qu'un Auteur anonyme propoſoit dans le Mercure de Février aux jeunes Mathématiciens un Problême à réſoudre. Il n'en a pas fallu davantage pour me faire entreprendre un travail d'ailleurs aſſez analogue à mes occupations ordinaires.

Le deſir de me rendre utile à mes Concitoyens & de ſoulager mon Pere dans la fonction de Profeſſeur Royal de Mathématiques qu'il exerce depuis 45 ans, m'engagea l'année derniere à ouvrir un Cours public & gratuit de Mathématiques dans le College Royal de cette Ville. Ce n'eſt pas que je me diſſimulaſſe à moi-même combien mes forces étoient peu proportionnées à une pareille entrepriſe ; mais quand je ne me ferois pas fait un devoir de déférer au con- ſeil de notre digne Prélat & à la priere de MM. les Adminiſ- trateurs du College, de quoi ne ſe ſent-on pas capable, quand on eſt inſpiré tout à la fois & par des vues patriotiques & par le deſir de contribuer à la joie d'un Pere qui fait à ſon tour les délices de ſa famille ?

J'ouvris le Cours Élémentaire de Géométrie par un Diſ- cours qui contenoit l'hiſtoire abrégée de cette Science, avec des Réflexions ſur les différentes Méthodes des Auteurs qui en ont donné les Élémens. Je ne craignis pas d'avancer d'après un Géometre tel que M. Clairaut, qu'un des meil- leurs moyens pour inſpirer aux jeunes gens le goût des Ma- thématiques, ſeroit d'en réduire la plupart des Propoſitions en Problêmes, & de ſuivre par tout, autant qu'il ſe peut, la trace des Inventeurs. En effet, cette Methode eſt non-ſeu- lement très-propre à encourager ceux qui ont peine à s'ac- coutumer aux vérités abſtraites, mais elle a de plus l'avantage de perfectionner le génie & de lui faciliter le chemin des découvertes. Quoi qu'il en ſoit, j'ai cru qu'en inſtruiſant mes Éleves ſuivant le plan du célebre Auteur que je viens de citer, il s'en trouveroit peut-être quelques uns qui, à la fin du Cours, ſeroient en état de ſoutenir des Theſes publiques, & de réſoudre certains Problémes tant ſur le calcul des pro- babilités que ſur diverſes queſtions de Phyſique & de Mé- chanique. Si mon projet s'exécute, comme je l'eſpere, j'au- rai l'honneur, MESSIEURS, dès que les Theſes ſeront impri- mées, de vous en faire parvenir un Exemplaire, par le canal de M. de Mairan, l'illuſtre Fondateur de notre Académie. En attendant, je ſerois trés-flatté que la Solution que je prens la liberté de vous adreſſer du Problême propoſé dans le Mer- cure de France, méritât votre ſuffrage.

PROBLEME (*).

"Des Marchands associés partagent entre eux le gain qu'ils
» ont fait. Le premier, à raison de sa mise M, prend sur le
» gain total une somme C, avec $\frac{1}{c}$ de ce qui restera après
» qu'il l'aura prise. Le second (dont la mise, ainsi que celle
» des suivans, à l'exception du dernier, est inconnue), prend
» sur le reste du gain $c - 1$, avec $\frac{1}{c-1}$ de ce qui restera. Le
» troisieme prend $c - 2$, avec $\frac{1}{c-2}$ de ce qui restera. Le
» quatrieme aura $c - 3$, &c. & ainsi de suite jusqu'à celui
» qui doit avoir le dernier reste, à raison d'une mise qui est la
» centieme ou la millieme, ou en général (dit - on) la neu-
» vieme partie (**), c'est-à-dire (comme on l'explique dans
» une note) $\frac{1}{n}$ de la mise du premier. On demande le nom-
» bre des Associés, le gain & la mise d'un chacun».

REMARQUE. C étant une quantité connue, j'étois d'abord
parti du principe, que toutes les lettres c étoient de même
valeur, parce qu'en effet, si on avoit voulu exprimer deux
différentes quantités, il étoit bien plus naturel de les désigner
par deux lettres différentes; telles que a, b, d, &c. cependant
comme la différence entre le premier C (lettre capitale), &
les autres c (petites lettres), étoit trop sensible pour que je
pusse soupçonner une faute d'impression, j'ai recommencé
mes calculs, en partant de la supposition que le grand C & le
petit c expriment deux quantités différentes ; & quand même
cette différence seroit nulle, ma Solution peut s'appliquer à
tous les cas, comme on le verra dans la suite. Je demande
seulement qu'on me permette, pour plus grande clarté &

(*) Voy. Mercure de Février, p. 191.
(**) C'est sans doute une faute d'impression, du moins il
paroît, par la Note, qu'on a voulu dire *la n partie*, & non
la neuvieme.

afin d'éviter toute équivoque au sujet du grand C & du petit c, qu'on me permette, dis-je, de me servir de la lettre a au lieu de la lettre capitale C.

SOLUTION. Soit s le gain total; la part du premier Affocié fera par conféquent, $= a + (s - a) : c$. La part du fecond Affocié doit être, $c - 1 + [s - a - (s + a) : c - c + 1] : (c - 1) = (c \times \overline{c - 1}^2 + \overline{s - a - c} \times \overline{c - 1}) : (cc - c) = c - 2 + (s - a) : c$. La part du troifieme Affocié fera, $= c - 2 + [s - a - (2s + 2a) : c - 2c + 4] : (c - 2) = (c \times \overline{c - 2}^2 + \overline{s - a - 2c} \times \overline{c - 2}) : (cc - 2c) = c - 4 + (s - a) : c$. Celle du quatrieme Affocié eft $= c - 3 + [s - a - (3s + 3a) : c - 3c + 9] : (c - 3) = (c \times \overline{c - 3}^2 + \overline{s - a - 3c} \times \overline{c - 3}) : (cc - 3c) = c - 6 + (s - a) : c$.

Il eft clair que le fecond, le troifieme & le quatrieme terme forment une progreffion décroiffante, dont la différence commune eft 2; mais afin de nous affurer tout d'un coup fi la même loi eft obfervée par tous les termes fuivans, & fur-tout par les deux derniers; foit pris un terme quelconque $c - 15$, &c. ou en général, $c - f + r : (c - f)$. [r eft une grandeur variable qui exprime le refte inconnu du gain dont on a ôté la quantité $c - f$ & tout ce qui la précede]. Le terme $c - f + r : (c - f)$ étant pris pour antécédent, le terme qui le fuivra immédiatement doit être, par les conditions du Problême, $= c - f - 1 + [r - r : (c - f) - c + f + 1] : (c - f - 1) = (\overline{c - f} \times \overline{c - f - 1}^2 + \overline{r - c + f} \times \overline{c - f - 1}) : (\overline{c - f} \times \overline{c - f - 1}) = (\overline{c - f} \times \overline{c - f - 1} + r - c + f) : (c - f) = c - f - 2 + r : (c - f)$. De là il eft aifé d'inférer qu'il n'y a que le premier terme $a + (s - a) : c$, qui ne foit point compris dans la loi générale que tous les autres termes obfervent dans leur marche; loi en vertu de laquelle tout antécédent furpaffe, de la quantité 2, fon conféquent. Il eft vrai qu'à l'égard du dernier terme, il peut arriver deux cas, ou que ce dernier terme, c'eſt-à-dire, le dernier reſte du gain, ſe réduiſe à la ſeule quantité $c - f - 1$; ou qu'il y ait encore un reſte à diviſer par $(c - f - 1)$. Dans le ſecond cas, la démonſtration eſt la même que ci-deſſus. Quant au premier cas, on peut le démontrer ainſi. Puiſque le dernier terme eſt $c - f - 1$, & que le pénultieme eſt $c - f + r : (c - f)$, il eſt clair que $r = r : (c - f) + c - f - 1$; & partant, $r = c - f$, laquelle valeur étant ſubſtituée dans l'expreſſion du terme pénultieme, ce terme devient $= c - f + 1$; donc il ſurpaſſe le dernier de la quantité 2; ce qu'il falloit démontrer.

Soit maintenant y le nombre des Aſſociés, & x la part qui doit revenir au dernier. Comme la miſe du premier Aſſocié eſt n fois plus grande que celle du dernier, la part du premier Aſſocié ſera $nx = a + (s - a) : c$. Si on ſuppoſoit $a = c$, alors nx ſeroit le premier terme d'une progreſſion décroiſſante ſuivant une loi connue, & rien ne ſeroit plus aiſé que de trouver les équations néceſſaires à la ſolution du Probléme. Mais ſi, au contraire, on ſuppoſe que a ſoit plus grand ou plus petit que c, & que leur différence ſoit d, il eſt évident qu'il faudra ou ajouter ou retrancher cette différence tant de nx que de s, afin que ces deux quantités puiſſent être employées dans les équations que fournit la nature de la progreſſion. Car, prenant la valeur de $a = c \pm d$, & la ſubſtituant dans les termes de la ſuite trouvée, le premier terme nx deviendra $= c \pm d - 1 + (s \mp d) : c$. Le ſecond terme ſera $= c - 3 + (s \mp d) : c$. Le troiſieme terme $= c - 5 + (s \mp d) : c$, & ainſi des autres; où l'on voit qu'il ne s'en faut que de la quantité $\pm d$, que nx ne ſoit premier terme de la progreſſion. Suppoſons d'abord que $a = c + d$, nous aurons les trois équations ſuivantes : 1°. $nx = c + d - 1 + (s - d) : c$. 2°. $nx - d = x + 2y - 2$. 3°. $2s - 2d = nxy - dy + xy$. Les valeurs de s & de y priſes dans les deux premieres équations, & ſubſtituées dans la troiſieme, donneront $n^2 x^2 - x^2 - 4cnx - 2dnx + 2nx + 2x = -4cc - 4dc + 4c - dd + 2d$, laquelle étant réſolue ſuivant la méthode ordinaire, devient $x = (2cn + dn - n - 1) : (n^2 - 1)$ $\pm V [(- 4cc - 4dc + 4c - dd + 2d) : (n^2 - 1) + (4c^2n^2 + 4dcn^2 - 4cn^2 + d^2n^2 - 2dn^2 + n^2 - 4cn - 2dn + 2n + 1) : (n^2 - 1)^2] = (2cn + dn - n - 1 \pm 2c \pm d \mp n \mp 1) : (n^2 - 1)$. Partant les deux valeurs de x font, 1°. $x = (2cn + dn - 2n + 2c + d - 2) : (n^2 - 1) = (2c + d - 2) : (n - 1)$. 2°. $x = (2cn + dn - 2c - d) : (n^2 - 1) = (2c + d) : (n + 1)$.

Une expreſſion auſſi ſimple pour x, après un radical aſſez compoſé, m'a fait ſoupçonner qu'on pouvoit y arriver par une voie plus courte. J'ai donc repris l'équation dont il s'agit, en l'ordonnant ainſi ; $n^2 x^2 - 4cnx - 2dnx + 2nx + 4cc + 4dc - 4c + dd - 2d = x^2 - 2x$. On voit que pour quarrer les deux membres de cette équation, il ne faut qu'ajouter l'unité de part & d'autre. Les racines ſeront $\pm nx \mp 2c \mp d \pm 1 = x - 1$; d'où l'on tire $x = (2c + d - 2) : (n - 1)$, & $x = (2c + d) : (n + 1)$, comme ci-deſſus.

Suppoſons maintenant que $a = c - d$; le ſeul changement qu'il y aura à faire dans les équations précédentes, ſera de changer les ſignes par tout où ſe trouve la quantité d, à moins qu'elle ne ſoit élevée au quarré, lequel eſt toujours poſitif, ſoit que ſa racine ſoit poſitive ou négative. Ainſi quelque valeur qu'on donne à la quantité a, (ou à la lettre capitale C), les deux équations ſuivantes donneront les valeurs de x dans tous les cas poſſibles :

$$x = (a + c - 2) : (n - 1). \quad x = (a + c) : (n + 1).$$

Il ne s'agit à préſent que de ſubſtituer ces deux valeurs dans les premieres équations ; on aura $s = (ccn - 2cn + an + ac - a) : (n - 1)$; & $s = (ccn + an - ac + a) : (n + 1)$. $y = c$, & $y = 1 + (cn - a) : (n + 1)$. Les deux formules ſuivantes exprimeront le gain de chaque Aſſocié.

Premiere Formule.

Premier terme $(nx) = \overline{a + c - 2} \times n : (n - 1)$. Second terme $(a + c - 2) : (n - 1) + 2c - 4$. Troifieme terme $(a + c - 2) : (n - 1) + 2c - 6$. Quatrieme terme $(a + c - 2) : (n - 1) + 2c - 8 \ldots$ Dernier terme $(a + c - 2) : (n - 1) + 2c - 2c = (a + c - 2) : (n - 1)$.

Seconde Formule.

Premier terme, $\overline{a + c} \times n : (n + 1)$. Second terme, $2c - 2 - (a - c) : (n + 1)$. Troifieme terme, $2c - 4 - (a - c) : (n + 1)$. Quatrieme terme, $2c - 6 - (a - c) : (n + 1) \ldots$ Dernier terme, $(a + c) : (n + 1)$.

Si l'on fuppofe $n = \infty$, les formules deviennent plus fimples. Alors $s = c^2 - 2c + a$, & $s = c^2 + a$. $y = c$, & $y = c + 1$.

Premiere Formule.

Premier terme, $a + c - 2$. Second terme, $2c - 4$. Troifieme terme, $2c - 6$. Quatrieme terme, $2c - 8 \ldots$ Dernier terme, $2c - 2c = 0$.

Seconde Formule.

Premier terme, $a + c$. Second terme, $2c - 2$. Troifieme terme $2c - 4 \ldots$ Dernier terme, $2c - 2c = 0$.

Connoiffant le gain de chaque Affocié, & la mife du premier étant donnée, on connoîtra celle des autres par une fimple Regle de trois.

Au refte, il eft facile d'appliquer à des exemples les formules qu'on vient de donner. Soit, par exemple, $a = 16$, $c = 8$, $M = 66$, $n = 3$, on aura le gain total $s = 152$, ou $= 32$; le nombre des Affociés $y = 8$, ou $= 3$; & les nombres fuivans exprimeront le gain & la mife de chaque Affocié.

Premiere valeur.

Gains : 33 , 23 , 21 , 19 , 17 , 15 , 13 , 11.
Mises : 66 , 46 , 42 , 38 , 34 , 30 , 26 , 22.

Seconde valeur.

Gains : 18 , 8 , 6.
Mises : 66 , $29\frac{1}{3}$, 22.

En second lieu, les valeurs de c & de n restant les mêmes, si l'on suppose $a = 4$ & $M = 30$, on aura $s = 92$, ou $= 44$; $y = 8$, ou $= 6$; & les nombres suivans donneront le gain & la mise de chaque Associé :

Premiere valeur.

Gains : 15 , 17 , 15 , 13 , 11 , 9 , 7 , 5.
Mises : 30 , 34 , 30 , 26 , 22 , 18 , 14 , 10.

Seconde valeur.

Gains : 9 , 11 , 9 , 7 , 5 , 3.
Mises : 30 , $36\frac{2}{3}$, 30 , $23\frac{1}{3}$, $16\frac{2}{3}$, 10.

COROLLAIRE. Dans la supposition que a [ou la lettre capitale C] $= c$, il est visible que nos équations ou formules se réduiront à celles-ci : $s = \overline{cc - c} \times (n + 1) : (n - 1)$. $s = c^2 + c - 2c^2 : (n + 1)$. $y = c$. $y = 1 + c \times (n - 1) : (n + 1)$. Les formules suivantes exprimeront le gain de chaque Associé.

Premiere Formule.

Premier terme, $n \times (2c - 2) : (n - 1)$. Second terme, $n \times (2c - 2) : (n - 1) - 2$. Troisieme terme $n \times$

$(2c-2):(n-1)-4\ldots$ Dernier terme, $(2c-2):$ $(n-1)$.

Seconde Formule.

Premier terme, $2cn:(n+1)$. Second terme, $2cn:$ $(n+1)-2$. Troifieme terme, $2cn:(n+1)-4\ldots$ Dernier terme, $2c:(n+1)$.

Si $n=\infty$, on aura $s=c^2-c$, & $s=c^2+c$. $y=c$, & $y=c+1$, avec ces deux progreffions :

$$2c-2,\ 2c-4,\ 2c-6,\ 2c-8\ldots,\ 2c-2c=0^*.$$
$$2c,\ 2c-2,\ 2c-4,\ 2c-6\ldots,\ 2c-2c=0^*.$$

* C'eft la part du gain du dernier Affocié, quand on fuppofe $n=\infty$. Suppofons que $c=8, M=42$, & $n=3$; on aura le gain total $s=112$ & $=40$, le nombre des Affociés $y=8$, & $=5$. Les deux progreffions fuivantes exprimeront le gain & la mife de chaque Affocié.

Premiere Progreffion.

Gains : 21 , 19 , 17 , 15 , 13 , 11 , 9 , 7.
Mifes : 42 , 38 , 34 , 30 , 26 , 22 , 18 , 14.

Seconde Progreffion.

Gains : 12 , 10 , 8 , 6 , 4.
Mifes : 42 , 35 , 28 , 21 , 14.

En fuppofant $n=2c-1$, les deux folutions du Problême fe réduifent à une feule qui eft : $s=c^2$, $y=c$; les gains particuliers font exprimés par la progreffion fuivante, dont le dernier terme eft l'unité : $2c-1, 2c-3, 2c-5$, $2c-7, \ldots 1$.

La fimplicité de cette folution, dans laquelle n a difparu, m'a engagé à réfoudre le Problême de l'anonyme, même dans le cas où le rapport n du premier au dernier terme feroit inconnu.

Pour cela, soit x le premier terme, & z le dernier ; on aura $x = c — 1 + s : c$; $x — z = 2y — 2$, & $x + z = 2s : y$. Ajoutant ces deux dernieres équations, & réduisant, on aura $x = y — 1 + s : y = c — 1 + s : c$, d'où l'on tire d'abord $s = cy$. Pour trouver la valeur de y, soit la somme de ces deux quantités c & $s : c$, $= 2r$, soit leur différence $= 2u$. Donc $c = r \pm u$, & $s : c$ ou $s : (r \pm u) = r \mp u$; Donc $s = r^2 — u^2$. L'équation en y deviendra par ce moyen, $y + (r^2 — u^2) : y = 2r$, Donc $y^2 — 2ry + r^2 = u^2$, & $y = r \pm u$. Donc y (quant à une de ses valeurs) $= c$, & dans le même sens, on aura $s = c^2$, $x = 2c — 1$, & $z = 1$. On trouvera tous les autres termes dans la série suivante :

$$2c — 1, \quad 2c — 3, \quad 2c — 5, \quad 2c — 7, \dots 1$$

Il est singulier que, dans la progression dont il s'agit, on n'ait pas eu besoin de connoître, ni le premier terme, ni le dernier, ni le nombre des termes, ni leur somme, ni même leur différence *, & qu'on soit arrivé comme par hazard à une solution déterminée du Problême, sans autres données, qu'un simple rapport entre des quantites également inconnues.

Je suis avec respect,

MESSIEURS,

Votre, &c.

L'Abbé BOUILLET, Bachelier de Sorbonne, de l'Académie Royale des Sciences & Belles-Lettres de Beziers, & Professeur de Mathématiques au College Royal de la même Ville.

---

* Puisque le premier pas qu'il a falu faire pour résoudre le Problême proposé dans le Mercure, a été de découvrir cette différence, & de la démontrer.

Extrait des Regiſtres de l'Académie Royale des Sciences & Belles-Lettres.

Du Jeudi 19 Mai 1768.

M R S. *de Forés & Clauzade qui avoient été nom-
més pour examiner la Solution générale d'un Problème
de Mathématiques proposé dans le Mercure de Février dernier,
que M. l'Abbé Bouillet communiqua à l'Académie le trois
du mois de Mars dernier, & dont il envoya le même jour une
Copie au Journal des Savans, ayant fait leur rapport, la
Compagnie a jugé que cette Solution méritoit l'impreſſion. En
foi de quoi je me ſuis ſigné. A Beziers, ce 24 Mai 1768.*

*BASSET, Directeur de l'Académie Royale des Sciences
& Belles-Lettres de Beziers.*

A TOULOUSE.

Chez la Veuve J. P. Robert, Imprimeur-Libraire, rue
Sainte Urfule, à Saint Thomas d'Aquin.

www.ingramcontent.com/pod-product-compliance
Lightning Source LLC
LaVergne TN
LVHW010259060726
842527LV00007B/2790